BEI GRIN MACHT SICH IHR WISSEN BEZAHLT

AF137632

- Wir veröffentlichen Ihre Hausarbeit,
  Bachelor- und Masterarbeit

- Ihr eigenes eBook und Buch -
  weltweit in allen wichtigen Shops

- Verdienen Sie an jedem Verkauf

Jetzt bei www.GRIN.com hochladen
und kostenlos publizieren

Bibliografische Information der Deutschen Nationalbibliothek:

Die Deutsche Bibliothek verzeichnet diese Publikation in der Deutschen National-
bibliografie; detaillierte bibliografische Daten sind im Internet über http://dnb.d-
nb.de/ abrufbar.

Impressum:

Copyright © 2012 GRIN Verlag
Druck und Bindung: Books on Demand GmbH, Norderstedt Germany
ISBN: 9783656165040

Dieses Buch bei GRIN:

https://www.grin.com/document/191623

Joerg Schroeder

Deutschdidaktik zu Graphic Novels

Band 1

Didaktische Rezension zur Graphic Novel 'drüben!'

Referat zum Seminarthema Entwicklungslinien seit den 90er Jahren des 20. Jahrhunderts – Medienverbund

GRIN Verlag

GRIN - Your knowledge has value

Der GRIN Verlag publiziert seit 1998 wissenschaftliche Arbeiten von Studenten, Hochschullehrern und anderen Akademikern als eBook und gedrucktes Buch. Die Verlagswebsite www.grin.com ist die ideale Plattform zur Veröffentlichung von Hausarbeiten, Abschlussarbeiten, wissenschaftlichen Aufsätzen, Dissertationen und Fachbüchern.

Besuchen Sie uns im Internet:

http://www.grin.com/

http://www.facebook.com/grincom

http://www.twitter.com/grin_com

Kinder- und Jugendliteratur im Überblick

Universität Bremen

Wintersemester 2011-12

Jörg Schröder

B.A. FBW Deutsch/Englisch

Didaktische Rezension über „*drüben!*" von Simon Schwartz

nach dem Referat zum Seminarthema

Entwicklungslinien seit den 90er Jahren des 20. Jahrhunderts – Medienverbund

Inhalt

1. Referatsauswahl   Seite 3

   1.1. Inhaltlicher Überblick

2. Analyse   Seite 4

   2.1. Paratext

      2.1.1. Aufmachung des Buches

      2.1.2. Visueller Prolog

   2.2. Typologie   Seite 5

      2.2.1. Gattung/Genre

   2.3. Dramaturgische Gliederung von Zeit und Raum   Seite 6

      2.3.1. Erzählstruktur   Seite 7

   2.4. Monoszenik/Pluriszenik   Seite 8

   2.5. Bild-Text-Interdependenzen

      2.5.1 Beziehung zwischen Text und Bild   Seite 9

   2.6. Intertextuelle/intermediale Bezüge   Seite 10

   2.7. Figurenzeichnung   Seite 11

      2.7.1 (Stereo-) Typen

      2.7.2. Geschlechterdarstellung   Seite 12

      2.7.3. Sprechende Namen

   2.8. Sprache und Verständlichkeit

      2.8.1. Stil   Seite 13

3. „drüben!" in der Deutschdidaktik   Seite 14

   3.1. Methodik vs. Neue Medien   Seiten 15-16

4. Bibliographie   Seite 17

   4.1. Primärliteratur

   4.2. Sekundärliteratur

   4.3. Online-Quellen

1. Referatsauswahl

Im Seminar *Kinder- und Jugendliteratur im Überblick* habe ich am 16. Januar 2012 mit dem Kommilitonen Stefan Arlt über die Graphic Novel *„drüben!"* von Simon Schwartz referiert. Diese Diplom-Arbeit des Illustrators und Kommunikationsdesigners erschien 2009 im Avant-Verlag, im Format 23 x 16,6 x 0,8 cm mit farbigem Titel und 120 schwarz-weiss gedruckten Seiten.

In unserer engeren Titelwahl waren andere Werke aus einem Medienverbund von Büchern, DVDs und Hörspielen. Durch Zufall hatte ich *„drüben!"* im Bestand der Stadtbibliothek Bremen entdeckt, wo Graphic Novels in zwei schmalen Reihen innerhalb der meterlangen Comic-Abteilung untergebracht sind. Nach dem ersten Lesen schien es ideal für unser Referat zu sein, weil mein Kommilitone selbst eine Ost-West-Biographie hat und ich mich für Gegenwartsliteratur in der Sekundarstufe I interessierte.

Mit grossem Interesse an Thema und Buch entwarfen wir unser Referat in einer umfangreichen Folienpräsentation und absolvierten es in einer ausführlichen Doppelstunde.

1.1. Inhaltlicher Überblick

Graphic Novel als *„graphischer Roman"* oder gezeichnete Literatur war das geeignete Medium für Simon Schwartz' Buchdebut, in dem er sein autobiographisches, privates Familienschicksal mit dem kollektives Gedächtnis meisterlich verarbeitet hat.

Ob die Ereignisse wahr sind oder die Geschichte verfälscht wurde, löst der Künstler aus einer autonomen Position in eigenen Worten auf: *„Aber vielleicht ist die Fiktion manchmal näher an der Realität, als die Realität selbst."* [1]

In einer fragmentarischen Retrospektive vom Briefkontakt des Vaters 1987 bis zur Übersiedlung 1984 rahmt er die Erzählzeit in die erzählte Zeit in der BRD und DDR zwischen 1945 und 1989 ein. Nach eigener Auffassung habe Schwartz *„keine politisch-historische Erzählung"*, sondern schwerpunktmässig eine *„Familiengeschichte"* kreiert. [2]

„drüben!" präsentiert fast zwanzig Jahre nach der politisch-ökonomischen Fusion von Bundesrepublik Deutschland und Deutscher Demokratischer Republik erstmalig eine

---

[1] Interview im Comic!-Jahrbuch 2011/112
[2] Ebd. 115

spannende Graphic Novel aus generationsübergreifender Privatgeschichte im Kulturkontext der späten 1980er Jahre.

2. Analyse

Problemorientierte Kinder- und Jugendliteratur verbindet sich hier mit Entwicklungslinien seit den 90er Jahren des 20. Jahrhunderts, in Form der Spielarten der Graphic Novel. Im Lauf dieser achtteiligen Analyse wird deutlich, wie weitsichtig und tiefgründig „drüben!" gestaltet ist und die einzelnen Kriterien vollwertig ausleuchtet. Da das Originalbuch keine Seitenzahlen hat, folge ich den Beschreibungen von Bild- und Textstellen.

2.1. Paratext

Aufmachung des Buches und visueller Prolog dienen als Anfangsbilder einer Vorausdeutung. Sie gehen auf die Leseerwartungen ein, die im Buch selbst mit anderen vielschichtigeren Mitteln herausgefordert werden, um die Rezipienten zum Nacherleben und Mitdenken anzuregen.

2.1.1. Aufmachung des Buches

Auf dem DIN A4-Cover verwirklichte Schwartz die einzige farbige Seite des Buchs. Vater und Mutter mit Sohn auf dem Arm entfernen sich von der Mauer mit einem skeptischen Blick zurück. Die mit Graffitis und Slogans besprühte Mauer zeigt, dass sich die Familie im Westen befindet. Somit wird das Anfangsbild zur Vorausdeutung der Geschichte, die die Erinnerung an die Zeit vor Mauerfall und Einheit 1989/90 beschreibt.

Der kleingeschriebene, kursiv und schwarz mit Ausrufezeichen versehene Titel steht wie ein denkgemalter Schrei über dem Wachturm vor dem Wolkenhimmel. Die manuell-grafische Typographie des Lettering von Autorname und Titel wird angezeigt und im Buch beibehalten.

2.1.2. Visueller Prolog

Auf ein Zitat von Gregor Brand in weissen Buchstaben auf schwarzem Hintergrund folgt eine realistische Zeichnung des sogenannten Todesstreifens mit zwei Mauern, Stacheldrahtzäunen und vermauerten Fenstern auf der östlichen Seite. Damit wird die Atmosphäre geschaffen für ein schwarz-weisses und graustufiges Buch, in dem sich ein „Familiendrama" [3] entfaltet. Einerseits scheint es mit dem Prologzitat die Erinnerung abschliessen zu wollen („*Die Vergangenheit ist unverwundbar*"), andererseits hat es Simon Schwartz versucht, einen anderen Blick zurück über die Mauer zu wagen.

2.2. Typologie

„*drüben!*" wird in der Stadtbibliothek Bremen als Graphic Novel/Comic katalogisiert. Das Buch lässt sich nicht eindeutig kategorisch festlegen, weil – vielleicht mit künstlerischer Intention – Bild und Text zwischen bekannten Genres interagieren, um fixierende Termini zu umgehen. Wenn es sich um einen „*bildästhetischen Hybrid*" [4] handelt, helfen philologische Phasen weiter.

2.2.1. Gattung/Genre

Die Graphic Novel wird heute als „*sequential art*" (Will Eisner) oder „*invisible art*" (Scott McCloud) [5] analysiert und verweist auf Traditionen aus dem nordamerikanischen Kulturraum, in dem sie sich aus periodischen Magazinen über Buchformen als selbständige Kunstform etablierte.

Graphic Novels haben sich als Autoren-Comics in den 1970ern international herausgebildet und wurzeln in der Tradition der Comics und Mangas bzw. Animes. Während sich die Comics zwischen den USA ab 1900 und Frankreich und Belgien ab den 1950ern in Serienheften, Trickfilmen und aktuellen 3D-Formaten entwickelten, entsprangen die Mangas als Taschenbücher bzw. die Animes als Fernsehserien ab den 1950ern in Japan, allerdings schrifttechnisch von hinten nach vorne gelesen mit einer höheren Publikationsdichte.

Für den deutschsprachigen Raum gehen diese Gattungsarten historisch zurück auf die Bildergeschichten deutschsprachiger Künstler wie Busch oder Hoffmann aus den 1840ern. Meistens ging es um den Konflikt zwischen Kindern und Erwachsenen und den Kontrast aus Freiheit und Zwang. Die Bildergeschichten erneuerten illustrierte Sachbücher aus dem 17. Jahrhundert.

---

[3] Interview im Comic!-Jahrbuch 2011/110
[4] Jost/Krommer 48
[5] Ebd. XI

In moralisierenden Fabeln und in Grimms Märchen aus überlieferten Volkserzählungen manifestierte sich die deutsche Hochsprache. Mit lösungsorientierten glücklichen Enden wurde eine kind- und jugendgerechte Literatur geschaffen, die sich zum Vorlesen eignete.

In der Gegenwart profilieren Graphic Novels eine *„kinderliterarische Spielart der Comics"* in einer komplexeren Form, die *„stofflich-thematische Biografien, Historien bzw. Zeitgeschichten"* abbilden. *„Erzählerisch ambitionierte, großformatige Grafikromane"* werden mittlerweile über ihre spezifische *„Intertextualität und Experimentierfreudigkeit"* als *„Alle-Alter-Medium"* wahrgenommen und respektiert. [6] Strukturell verflechtet die Graphic Novel wie beim Comic *„piktorale und verbale Komponenten"* im *„Layout, d.h. dem Arrangement der im Format aufeinander abgestimmten Einzelbilder (Panels) und die Textpräsentation in Sprechblasen und Blockkommentaren."* [7]

2.3. Dramaturgische Gliederung von Zeit und Raum

„Individuelle Autorschaft" hat Serien-Comics zu eigenständigen Kunstwerken gemacht, parallel zur umbrechenden Epoche der 1970er, *„als der „literatur- und kulturwissenschaftlichen Poststrukturalismus das Ende des Autors proklamierte."* [8]

Diesen Unabhängigkeitstatus nimmt Simon Schwartz auf, in dem er sich selbst als Ich-erzählenden Jungen einschreibt, um die eigenen Eltern als Protagonisten die Ausbürgerung erleben zu lassen. In einer fragmentarischen Retrospektive konnte er so eine autobiographisch-fiktionale Familiengeschichte in einer kindgerechten Detektivgeschichte aufrollen. Die Erzählsituation beginnt im Frühling 1987 mit dem Vater, der in Berlin-Kreuzberg einen Brief an seine Eltern in der DDR schreibt. Eine kurze handschriftliche Notiz als Antwort (*„Wir legen keinen Wert auf Kontakt"*) ist ein erster Hinweis auf die zunehmenden Schwierigkeiten mit der Staatssicherheit.

Auf die Rückblende zur Ausreise 1984 folgt die Biographie des Vaters mit sozialistischen, kommunistischen und jüdischen Vorfahren. Vom Ablauf eines Morgens bis zum Fahnenappell bei den Jungpionieren wechselt es zur Biographie der Mutter. Ihre Familie hatte Westkontakte, weil der Onkel vor dem Mauerbau in den Westen geflüchtet war.

---

[6] Dolle-Weinkauff 309 & 327 ff.
[7] Ebd. 308
[8] Ebd. 322 & 324

Ihr gleichaltriger Cousin erzählt ihr bei Besuchen von seinem neuen Leben und der anderen Kultur. Dadurch lernt sie die Rolling Stones und Mick Jagger kennen. Dennoch hält sie an der sozialistischen Einstellung fest wie der Vater, der dafür von seinen Klassenkameraden in der FDJ ausgegrenzt wird.

Der Junge als Erzähler erinnert sich an die ersten eigenen Besuch zurück im Osten, wo er die Ferien bei seinen Grosseltern in Sachsen verbringt. Nach seiner Rückkehr malt ihm seine Mutter ein Bild von DDR und BRD und den Orten ihrer Verwandten und Freunde.

Ab diesem alternativen Titelbild zeichnet Simon Schwartz detaillierte Milieustudien aus der konfliktreichen Studienzeit des Vaters, der statt Kunst Mathematik studieren soll. In der Seminargruppe lernt er die spätere Mutter kennen, die seine konforme Art ändert, so dass er sich von seinen Eltern abkapselt. Sie hören von Zwangsexmatrikulationen und Ausbürgerungen von Krug und Biermann.

Als Lehrer und Dozent wird der Vater mit Schülerspionage und Propagandatreue konfrontiert. Vor der militärischen Vereidigung erfährt er kurzfristige Informationen, die die menschlichen Schikanen unterstreichen. Später folgen Wohnungsdurchsuchungen, permanente Bespitzelungen, direkte Belästigungen und dubiose Verhöre.

Die Zweifel am System wachsen und der Entschluss zur Ausreise reift auf Waldspaziergängen, wo sich die Charaktere mit ihren Freunden und Eltern beraten. Weil der Vater als Dozent und die Mutter als Restauratorin einen privilegierten Status besassen, konnten sie schliesslich die Ausbürgerung nach West-Berlin durchsetzen.

2.3.1. Erzählstruktur

Die Rahmenhandlung ist die Erzählung des Jungen, die in der Binnenhandlung über die Eltern vermittelt wird. In einer komplexen Zeitstruktur changiert die Handlung zwischen den unterschiedlichen Lebensabschnitten der Eltern. In einem linear rückwärts laufenden Handlungsstrang wird die Familiengeschichte aufbereitet, um die Spannung zu steigern in der Logik der impliziten Detektivgeschichte.

Parallel laufende Handlungsstränge sind die Musikrevolution von der populären Deutschrockband Renft und den Rolling Stones sowie die politisch-ökonomische Abhängigkeit der DDR von der Sowjetunion mit der verpflichtenden Volksarmeeausbildung für Männer und Frauen.

In den zeitraffenden Rückblenden werden die Grenzübergänge bei Aus- und Einreisen zeitdehnend ausgestaltet. Schwartz baut in die äussere Chronologie eine innere A-

Chronologie, um jenseits von pauschal-politischen Zeitleisten die komplizierten Verstrickungen von privater Zeitgeschichte zu dokumentieren.

2.4. Monoszenik/Pluriszenik

Die visuelle Erzählstruktur baut sich aus Einzelbildern zusammen, die den narrativen Ebenen klassischer Comics folgen. Die Monoszenik wird verstärkt durch den schwarz umrahmten Hiatus, der die Szenen in Blöcke bzw. ganzseitige Fensterrahmen teilt. In dieser Trauerstimmung spiegelt sich die dunkle Macht des ideologischen Dogmas.

In hochformatigen Rechtecken werden Momente und Szenen mit den Figuren gezeigt, die aus ihnen heraus bzw. in sie hineingeschnitten werden. In halbseitigen Querformaten sind es meistens öffentliche Räume in einer technischen Geometrie, bis auf die Schlafzimmerszene, wo die Eltern erstmals an ihre Ausreise denken. Staatsraum und Privatsphäre

Schwartz nutzt die innovativen Möglichkeiten der Graphic Novel und spielt mit Kompositionen. Auf Doppelseiten formt er die Monoszenik in eine Pluriszenik um und stellt so den Zusammenhang zwischen Individuum und Gesellschaft her. So bilden die kommentar- und sprachlose Grenzübergange klaustrophobisch Folgebilder aus Perspektivwechseln.

Nach der Rückkehr aus dem Ost-Urlaub bei den Grosseltern zeichnet ihm die Mutter eine stilisierte Skizze der Landkarte. Auf einen Blick versammeln sich die Vernetzung der Verwandten und ihre Trennungen während des „Kalten Krieges".

Durch Bilddiagonalen zwischen dem ersten und dem letzten Bild werden Erzählabschnitte markiert. Damit setzt er die Jugendzeiten der Eltern gegenüber. Der Vater ging zu den Jungpionieren und eine halbe Seite wird dem Fahnenappell gewidmet, wo die vielstimmige Rufblase *Immer bereit!"* von der Pionierführerin eingeleitet wird, während auf der anderen Seite die Mutter von Mick Jagger träumt. Die äusserlichen Ähnlichkeiten beider Figuren bilden den doppelseitigen Rahmen und einen humoristischen Kontrast der damaligen Zeit zwischen Ost-System und West-Freiheit.

2.5. Bild-Text-Interdependenzen

Aus diesem Zusammenspiel ergibt sich der Wesenskern jeder Graphic Novel. Zwar lässt sich die Handlung in überschaubaren Bilder nachvollziehen, aber erst mit dem Lesen des Textes komplettiert sich das Buch. Das animiert zu einem doppelten Sehen im Lesen von Bildern und Texten. Signifikant und Signifikat erfahren hier eine doppelte Betonung in Bildsprache und Sprachbildern. Aus dieser Deutungsdichte vervielfachen sich Interpretationen.

2.5.1. Beziehung zwischen Text und Bild

Simon Schwartz zeichnet seinen eigenen Stil in figürlicher Ligne Claire zwischen Comic und Cartoon, was die kindliche Perspektive des Ich-Erzählers in seinen Familienmemoiren unterstützt. Der Inhalt im Schwarz-Weiss-Druck betont das sachlich-ernste Geschichts-Thema und erhält mit einer Mischtechnik aus schwarzer Zeichentusche und Photoshop, Federzeichnung und Siebdruck eine besondere künstlerische Tiefe.

Das aus den Comics bekannte Lettering wird hier durch eine manuell-grafische Schreibmaschinenschrift gesetzt. Damit bezieht sich Schwartz selbstreferentiell auf den originalen Stasi-Eintrag seines eigenen Geburtsvermerks von 1982. [9]

Blockkommentare an den oberen Bildrändern ordnen die Handlung in eine Parallelität der Bilder ein und lassen beide Erzählschichten produktiv korrespondieren. Textlose Bilder werden in einem geflochtenen Zopf als Handlungsfolgen erweitert.

Kontrapunktische Spannung wird in einem Bruch von Ebenen erzeugt, z.b. durch abgeschnittene Gesichter, die damit bestimmte Gefühle festmachen. Auf der Matrix-Doppelseite, in der der Vater in den Altersstationen seines Lebens erscheint, stehen im Rückblick widersinnige Rechtfertigungsversuche:

„Die staatliche verordnete Unmündigkeit und die ständige Heuchelei waren enorm."

„Aber damit konnte man leben."

Erst wenn man die Figuren als Schüler, Student, Lehrer und Vater differenziert, erkennt man die Bild-Text-Interdependenzen. Aus dieser gestalterischen Simultaneität entsteht eine kafkaeske Montage analog zur Farblosigkeit des Buches.

Die ernsthafte Thematik vermitteln dunkle Umrisse realistischer Hintergrundarchitektur, die die Entfremdung der Kindessicht verstärkt. So rahmen Titel- und Endbild den menschlichen Geschichtsraum zwischen Berliner Mauer und Kirche ein, wo das eigene Kind der Eltern zum Fokus des Interesses und der gemeinsamen Zukunft wird.

---

[9] Interview im Comic!-Jahrbuch 2011/110

2.6. Intertextuelle/intermediale Bezüge

Abgezeichnete Fotografien der Mauer und der Infrastrukturen in Erfurt, Thüringen und Ost-West-Berlin sowie Familienfotos bilden den realistischen Gestaltungsrahmen.

In den intermedialen Bildern versteckt der Autor diverse grafische Hinweise auf die damalige Kultur, die in der Mode aus Hemdpullundern, Batikröcken, Kopftüchern, Uniformen, Schlaghosen und Frisuren wiederzuentdecken ist.

In den Panels erkennt man die Graffitikunst der 1980er Jahre, handschriftliche Benachrichtigungen der Staatssicherheit (*„Wir legen keinen Wert auf Kontakt"*), kommunistische Warenwerbung (*„Intershop"*), anarchistische Transparente (*„Instand besetzt"*), eine *„Bravo"*-Zeitschrift neben Lenin-Büchern, die Konformität der Konserven-Märkte von *Konsum* (*„Du Oma, bist du sicher, dass das hier ein Gemüseladen ist?"*) sowie Ost- und Westmarkmünzen vor der gelungenen Ausreise.

Die Sicht der Grosseltern auf die aufgehende Sonne hinter Trümmern und Ruinen verbildlicht die Nationalhymne der DDR. Der überdimensionale Tischglobus des Vaters als Schüler und Student symbolisiert den Traum von der weiten Welt.

Ein Einzelbild illustriert die KSZE-Vertragsunterzeichnung von 1975 zwischen Schmidt und Honecker. Ab diesem Zeitpunkt gab es eine rechtliche Reisefreiheit von DDR-Bürgern, dessen schwierige reelle Umsetzung die *„drüben!"*-Geschichte reflektiert.

Die Kulturpolitik wird thematisiert bei der Studentenparty, auf der sich die Eltern näher kennenlernen. Über eine Seite schwingt der Text aus „Liebeslied" der lange wegen Regimekritik verbotenen Band Renft im Hintergrund durch die Szenen. Wie im Liedtext überdauert ihre Liebe die Widerstände ihrer Umwelt.

Beim Vater als Lehrer und Dozent dominieren die Staatsporträts an den Wänden und die kurzfristigen Befehle der Vorgesetzten, die ihn im Propagandasystem psychisch einengen. Auf der Matrix-Doppelseite sieht der Ich-Erzähler den Vater in seinen Lebensaltern zurückfallen auf sein beschädigtes Ego.

Nach der Bespitzelung durch einen Schüler sieht man in der Strassenbahn einen Jungpionier beim Lesen eines Comics hinter einem sowjetischen Ehepaar, gekleidet in Kopftuch und Fellmütze. Der Einmarsch der Sowjetunion in Afghanistan geschieht zur Zeit, wo er vor der militärischen Vereidigung eine Rede über den *„gerechten und ungerechten Krieg"* halten soll.

Wie bei Rad Bradbury's *„Fahrenheit 451"*, wo die Intellektuellen am Ende in Wäldern wandern und aus verbrannten Büchern rezitieren, treffen sich die Charaktere bei *„drüben!"*

wie Dissidenten in abhörsicheren Wäldern, um sich über ihre möglichen Ausreisen zu beraten.

2.7. Figurenzeichnung

In einer Schwarz-Weiss-Konstruktion folgen die klaren Umrisse einer realistischen Darstellung. In der städtischen Infrastruktur zwischen Plattenbau und Grenzübergang wirken die Charaktere wie lebendige Comicfiguren. Betonte Augenausdrücke und augenlose Brillen dramatisieren die Spannungssteigerung. Als der Vater die Kriegsrede verfassen soll, scheint sogar der Mond als überwachendes Auge am Nachthimmel.

Hauptfiguren sind die Eltern von Schwartz mit dem Jungen als erzählendem Beobachter. Die Familien der Eltern werden über gezeichnete Familienfotos in die Geschichte eingefügt. Als Nebenfiguren treten die Freunde der Eltern und die Offiziellen der DDR auf, in äußerlicher Disharmonie aus Vollbärten, langen Haaren sowie Brillen und Mützen.

Als Antagonisten treten Mitschüler der FDJ an der Oberschule auf, die eine Raubkopie von einer Jimi Hendrix-Platte machen wollen. Weil der Vater keinen Westkontakt hat, wird er zum Aussenseiter. Die Informellen Mitarbeiter und Volkssoldaten tauchen vor und während der Ausreise auf, um den Überwachungsstaat hervorzuheben.

2.7.1 (Stereo-) Typen

Wegen des Jungen als Ich-Erzählers greift Schwartz zu einfachen, aber karikierten Überzeichnungen der Erwachsenenwelt. Der Vater z.B. ähnelt vor der Ausreise einem Strafgefangenen in Dreitagebart und Streifenshirt.

Die Staatsoffiziellen treten mit augenlosen Brillen auf und Mitglieder der Staatssicherheit werden als böswillige Figuren porträtiert. Als „Täter" der Demokratischen Republik handeln sie gegen die „Opfer", den Eltern, die mit oft demoralisierter Mimik gezeichnet werden.

2.7.2. Geschlechterdarstellung

Die soziokulturellen Veränderungen während der 1960er und 1970er gipfeln in der ironischen Ähnlichkeit der Pionierführerin und Mick Jagger, um auf die kulturellen Extreme zwischen Kommunismus und Kapitalismus zu verweisen.

Körperlich und äusserlich erscheinen die Figuren als normale Typen. In einem Panel kommentiert der Erzähler: *„Zwar lebten meine Eltern keinen offenen Protest, aber in ihrer Kleidung und Erscheinung zeigten sie sich eindeutig als Aussenseiter des Systems."*
Als Kritik trugen sie kurze Frisuren und unauffällige Kleidung. Das zeigt die Unterdrückung persönlicher Freiheit im modischen Ausdruck.

2.7.3. Sprechende Namen

Die Charaktere sind Namenlose. Sie werden als Eltern, Professor oder Pionierführerin bezeichnet. Damit wird die Anonymität verdeutlicht, die Stellvertreterposition für viele unerzählte Personenschicksale gegeben und die Privatsphäre geschützt [10].

Als Wiedererkennungswert werden der Schauspieler Manfred Krug und der Liedermacher Wolf Biermann erwähnt, um eine Verbindung zu Reiner aus der Seminargruppe herzustellen, der ausreisen wollte, aber wegen Falschangaben verhaftet wurde. Als sprechender Name steht Reiner so für die unsauberen Methoden der DDR-Behörden.

2.8. Sprache und Verständlichkeit

„drüben!" bleibt der sprachlich lokalisierte Begriff für die innerdeutsche Grenze – sowohl aus dem Westen als auch aus dem Osten. Dieser manifestierte Titel wird zum Leitmodell der Verständlichkeit. Um das komplizierte Geschichtsphänomen künstlerisch zu verarbeiten, wählte Schwartz die Ich-Perspektive seines Alter Ego als Jungen. Damit wird die Handlung subjektiviert und von beiden Seiten der Mauer gezeigt.

Die Erzählung wird in den Blockkommentaren oberhalb der Panels gegeben. Die Perspektive einer persönlichen Ebene ist sprachlich begrenzt und es sind die von seinen Eltern vermittelten Bilder, die die fremde Kinderwelt transportieren.

---

[10] Interview im Comic!-Jahrbuch 2011/112 [http://www.graphic-novel.info/?page_id=3032]

Der Wortschatz ähnelt stichwortartigen Tagebucheinträgen im Stil einer Nacherzählung mit temporalen Verweisen. Die Nachtszene, in der der Vater eine Vereidigungsrede verfassen muss, zeigt den vergeblichen Rat der Mutter:

„Schreib irgendetwas, das du noch halbwegs vor dir selbst verantworten kannst. "

Diese Aussage stellt den Vater zwischen Ethik und Moral.

2.8.1. Stil

Mit einfacher Sprache zu klaren Bildern gelingt es Schwartz, auch politisch komplexe Zusammenhänge zwischen dem Zweiten Weltkrieg, der DDR und der BRD zu veranschaulichen.

Mit der sprachlich-visuellen Doppelung und den impliziten Leerstellen fordert es die Rezipienten heraus, eigenständig diese deutsch-deutsche Geschichte zu interpretieren. Verortung von Wirklichkeit übernimmt der erzählende Junge beim Urlaubsbesuch bei seinen Grosseltern in Sachsen: *„So verging die Zeit wie im Fluge. Heimweh hatte ich nie. "*

In dem Habitus, wo Vater und Mutter als verliebte Studierende zwischen Fachwerkhäusern und vermauerten Hausruinen in Erfurt flanieren, stellen sie sich die prüfenden Fragen:

Vater: „Du bist in der Kirche? " Mutter: „Du bist in der Partei? "

Diese dogmatischen Kategorisierungen und Ein- bzw. Ausgrenzungen stehen systemprogrammatisch über den Entscheidungen des Individuums.

Mit zunehmender Dramatik gewinnen die Dialoge an Volumen und Brisanz. Daran werden die Sprechfelder ausgerichtet, die sich von Blasen zu Zacken ändern und die Schrift . Politisierte Beamtensprache lässt das Unverständnis wachsen, als die Familie nach West-Berlin ausreisen will: *„Was glauben Sie eigentlich wer Sie sind?! West-Berlin ist eine selbständige politische Einheit! Das geht nicht! "* Schliesslich eskaliert die verbale Gewalt in den letzten Worten des Zöllners: *„Für Verräter gibt es kein Wiedersehen! "*

Der wiederholte, multiperspektivisch gezeichnete Bahnhof Friedrichstrasse als zentraler Grenzübergang und Schicksalsort wird als *„im Volksmund Tränenpalast "* zitiert. Erinnerte Alltagssprache von Zeitzeugen authentisiert die farblosen Bilder.

3. „drüben!" in der Deutschdidaktik

Aktuelle fachwissenschaftliche und -didaktische Diskurse wünschen sich Comics und Graphic Novels in „kanonischen Beständen des Deutschunterrichts" [11].Wie Theorie und Praxis erscheinen ästhetische Sozialisation von Erwachsenen und Jugendlichen als getrennte Entitäten. In einem globalisierten, multimedialen Informationszeitalter unterliegen Schulen staatlich-föderalen Regulationsstrukturen. Und doch bedarf es keinerlei Anweisungen von „Oben":

Schon im „Rahmenlehrplan Grundschule 2004/05" [12], für den erstmals mehrere Bundesländer zusammenarbeiteten, wird von einem „weiten Textbegriff" ausgegangen, also „Texte in Printmedien, audiovisuellen und digitalen Medien" sowie „kontinuierliche und nicht-kontinuierliche Texte".

Auch im Bremer „Bildungsplan für Sekundarschulen 2007" [13] werden unter Texten und Medien „Schülermagazine, Jugendpresse und Fanzeitschriften" gelistet.

Die öffentlichen Auszeichnungen von „drüben!" beim ICOM und Deutschen Jugendliteraturpreis lassen also vermuten, dass solche Graphic Novels bald offizielles Schulthema sind. Wie Comics und Computerspiele füllen sie längst die ausserschulische Freizeit von Kindern und Jugendlichen. Tabuthemen wie Gewalt und Sexualität schließen eine pädagogische Aufnahme in den Lehrplan aus.

Wegen der aufarbeitenden Geschichtsthematik und jugendfreien Darstellung bietet sich „drüben!" für Sekundarschulen an. Obwohl der Ich-Erzähler dem Vor- bis Grundschulalter entspricht, müsste vor dem Einsatz in der Schule die Deutschland-Politik des 20. Jahrhunderts vermittelt worden sein.

Die komplexe Form der Graphic Novel und ihre Problemorientierung macht es zum typischen Medienprodukt in der wichtigen Orientierungsstufe der 7. und 8. Klasse. Die deutsch-deutsche Geschichte in diesem Buch hat Identifikationspotential mit dem im Rückblick glücklichen Verlauf mit Hindernissen. Aus der Sicht des Jungen wird über die Eltern eine bedrückende Angst vor dem DDR-Staat aufgebaut, die er während seines erlebnisreichen Ost-Urlaubs bei den Grosseltern verdrängen kann.

---

[11] Jost/Krommer XI
[12] LISUM Bbg 18
[13] Vogel 11

Aus einer Familie heraus beide Blickwinkel nach Ost und West darzustellen, lädt die Leserinnen und Leser ein, sich selbst ein Subjekt-Bild von der Objekt-Geschichte zu machen. Adressatenorientiert ordnet sich „*drüben!*" in die problemorientierte Kinder- und Jugendliteratur ein, wo es die ewigen Themen von Menschenrechten und Meinungsfreiheit erörtert.

Kritikpunkt wäre das pro-westliche Fazit, das heute synonymisch mit der „deutsch-deutschen Einheit" bzw. „Wiedervereinigung" einverleibt wird. Der „real existierende Sozialismus" wird zum grotesken Staatsgefängnis, aus dem es nur Privilegierten gelang, dauerhaft zu entkommen.

.Damit ermutigt „*drüben!*" zu Diskussionen über Staaten und Ideologien, die auch in der überstaatlichen Europäischen Union fortdauern. Didaktische Kernfragen sollten die politisch-persönlichen Themen zwischen Macht und Freiheit behandeln.

Zusätzlich eignet sich das Buch für das interkulturelle und integrative Thema Migration. Wie bei den Eltern-Biographien von Simon Schwartz gibt es in Familien neben der Nationenzugehörigkeit eine multikulturelle Herkunft. Wanderungsbewegungen mit Fremderfahrungen und Kulturschocks gehören zur gegenwärtigen Problematik.

3.1. Methodik vs. Neue Medien

„*drüben!*" thematisiert eine vergangene Gesellschaft aus zwei deutschen Staaten, als es in Westdeutschland zwar umständliche Home-Computer, aber kein Internet oder Handies gab, Vinyl-Schallplatten, drei Fernsehprogramme und populäre Comics-Zeitschriften.

Veröffentlich wurde „*drüben!*" in einer digitalisierten Gegenwart von hypertextueller Multimedia-Überflutung, die Kinder und Jugendliche weltweit vernetzt, aber auch kognitiv überfordern und physisch entsozialisieren kann.

Da helfen Graphic Novels zur stromlosen Medienentspannung. Mit ihrer verbal-visuellen Mischung gewinnen sie über sinnlich-konkrete Inszenierung und der Bild-Text-Doppelcodierung eine neue Leserschaft für das „geduldigere Papier" der Printmedien.

Wenn „*textfreie Bilderbücher und Graphic Novels mit Bildern einen Reichtum an Sprache bei Kindern*" [14] hervorrufen, dann kann der in Deutschland attestierte, notorische Mangel an Lesekompetenz nur mithilfe kreativer Offenheit gefördert werden.

---

[14] Jost/Krommer 67

In einer handlungs- und produktionsorientierten Unterrichtsreihe können SchülerInnen und Schüler mit „drüben!" Bildbeschreibungen oder Buchanalysen anfertigen.

In einem offenen Unterricht leiten Graphic Novels zu Schülerproduktionen an, in denen eigene Geschichten verwirklicht werden in Bild und Text. Als regiegleiche Storyboards bieten sie Möglichkeiten zu einer theaterpädagogischen Aufführung.

Diese Lehr- und Lernwege machen sinnstiftende Erfahrungen aus, die den buchimmanenten Wunsch nach Freiheit miterleben lassen.

„drüben!" bietet ein aktuelles Beispiel für die immer noch nicht abgeschlossene Aufarbeitung deutsch-deutscher Geschichte. Es wendet sich gegen kulturelle Stigmatisierung mit einhergehender pädagogischer Kritik und politischer Zensur.

Zudem lassen sich intertextuelle Verbindungen für Lernende von Deutsch als Fremd- oder Zweitsprache herstellen zum neuen deutschen Kulturraum in Thema und Medium.

Wenn hier Historizität in Subjektivität jugendliterarisch aufgelöst wird, so lässt sich „drüben!" auch fächerübergreifend im Geschichts-, Politik-, Erdkunde- und Kunstunterricht anschaulich behandeln. Das alles erfordert aktives Engagement der Lehrkräfte jenseits der Kanonbücher hin zu pflicht-externen, aber umso schöpferischen Projekt-AGs.

Ansonsten werden Graphic Novels wie Comics weiterhin unter den Schulbänken gelesen – wenn die Computerspiele nicht schon gewonnen haben.

4. Bibliographie

4.1. Primärliteratur

Schwartz, Simon. *drüben!* Berlin: Avant-Verlag 2009.

4.2. Sekundärliteratur

Dolle-Weinkauff, Bernd. *Comic, Manga und Graphic Novel für Kinder und Jugendliche.* S. 307-332. In: *Kinder- und Jugendliteratur der Gegenwart. Ein Handbuch.* Hrsg. von Günter Lange. Baltmannsweiler: Schneider 2011.

Jost, Roland und Krommer, Axel (Hg.). *Comics und Computerspiele im Deutschunterricht. Fachwissenschaftliche und fachdidaktische Aspekte.* Hohengehren: Schneider 2011.

Landesinstitut für Schule und Medien Brandenburg/LISUM Bbg et. al. (Hg.). *Rahmenlehrplan Grundschule Deutsch.* Bremen: Sujet 2004.

Vogel, Beate/Senator für Bildung und Wissenschaft (Hg.). *Deutsch. Bildungsplan für die Sekundarschulen 5-10. Freie Hansestadt Bremen.* Bremen: Landesinstitut für Schule 2007.

4.3. Online-Quellen

http://www.simon-schwartz.de

http://www.io-home.org/portfolios/s/bilder?k_User=508

http://www.graphic-novel.info/?page_id=3032 (*Interview Comic!-Jahrbuch 2011*)

[Letzte Zugriffe 12.01.2012]